AF339820

*Aux Parisiens de Paris*

# ENTRE DEUX BARRICADES

PAR

## ANDRÉ SAGNIER

I. — DRAPEAU ROUGE ET DRAPEAU TRICOLORE

II. — LA COMMUNE SOUS LA COMMUNE

III. — SENTINELLES, PRENEZ GARDE A VOUS !

PARIS

IMPRIMERIE WATTIER ET C<sup>ie</sup>

4, RUE DES DÉCHARGEURS, 4

—

1886

Prix : **30** centimes

# ENTRE DEUX
# BARRICADES

PAR

## ANDRÉ SAGNIER

I. — DRAPEAU ROUGE ET DRAPEAU TRICOLORE

II. — LA COMMUNE SOUS LA COMMUNE

III. — SENTINELLES, PRENEZ GARDE A VOUS !

PARIS

IMPRIMERIE WATTIER ET Cie

4, RUE DES DÉCHARGEURS, 4

—

1886

# ENTRE DEUX BARRICADES

## AVANT-PROPOS

Les documents qui vont suivre n'auraient jamais été imprimés si, par suite de l'inertie des républicains progressistes, l'histoire de la crise communaliste de 1871 ne courait risque d'être travestie, par le fait de certains acteurs de cette tragi-comédie, intéressés à couvrir leur ambition révolutionnaire du masque patriotique.

Dernièrement encore, deux conseillers municipaux de Paris ne craignaient pas de donner publiquement leur démission de membres du groupe de l'Autonomie communale, parce que la grande assemblée parisienne, si soucieuse pourtant des libertés communalistes, n'avait pas voulu, contre la loi, sanctionner en 1886, par un vote favorable, le droit de libre circulation du drapeau rouge, c'est-à-dire du drapeau de la Commune, sous lequel ces deux élus du suffrage universel de Paris se vantent d'avoir combattu (?) en 1871, à côté des fédérés enterrés au Père-Lachaise.

Pour justifier cet affront à leurs collègues de la majorité du conseil municipal de Paris, ces anciens forçats, qui sont fiers du bonnet vert que la République leur a si généreusement octroyé, prétendent que la Commune de Paris a sauvé la République française.

Cette assertion fantaisiste n'a pas trouvé de contradicteurs. Beaucoup de républicains, et des plus sincères, à force de l'entendre répéter, partagent leur avis. Ainsi la légende se fait, comme toutes les légendes, par la hardiesse des uns et le silence des autres. Dans dix ans, peut-être avant, les historiens les plus impartiaux seront fort embarrassés de se prononcer.

Non, la Commune n'a pas sauvé la République, et il est extraordinaire qu'elle ne l'ait pas perdue. Sans l'ambition effrénée de Thiers et la loyauté naïve de Mac-Mahon, Paris et la République eussent été écrasés sous les ruines du palais communal, brûlé par ordre de la Commune elle-même.

Y aurions-nous perdu, y aurions-nous gagné comme Français ?

Là n'est pas la question. La République, malgré les fautes répétées de ses chefs, est restée et restera notre gouvernement de prédilection, gouvernement aussi perfectible que la monarchie la plus constitutionnelle.

Ce qui est vrai et ce que l'histoire ne saura trop répéter, c'est qu'en 1871 la République a été illogique vis-à-vis des Parisiens et de leur gouvernement insurrectionnel, comme la Commune a été déloyale vis-à-vis de ses électeurs et de la France, en se faisant belligérante sans mandat et en arborant le drapeau rouge contre le drapeau tricolore.

Là où il fallait, vis-à-vis de cette attitude, une énergie immédiate suivie d'une clémence absolue, M. Thiers et son gouvernement ont déployé, après une couardise inouïe, la cruauté la plus ridicule.

Qu'en est-il résulté? L'amnistie de 1880, rendant à leur patrie un ramassis d'honnêtes gens égarés et de mauvais drôles incorrigibles, tout disposés, malgré la leçon terrible déjà reçue et aussi à cause de cette leçon, à mettre de nouveau le talon de leur botte sur la poitrine de Paris sous prétexte de socialisme et de liberté.

En présence de cette éventualité, peut-être prochaine, il nous a semblé bon de démontrer une fois de plus que la République et la Commune, en avril-mai 1871, n'ont pas fait cause commune *dans* Paris.

La preuve de cette *action* continue des vrais républicains avait bien été déjà matériellement faite par le directeur actuel de l'Académie française ; mais, pour beaucoup de républicains, M. Maxime Du Camp est un affreux réactionnaire, bon tout au plus à figurer dans un musée d'antiquités, à côté de la *Gazette de France* (avec ou sans M. Henry Maret à son bras).

A ceux qui n'ont pas su faire dans l'œuvre de M. Maxime Du Camp la part d'exagération de l'historien obligé de s'en rapporter au dire des intéressés, nous conseillons la lecture des documents qui vont suivre, documents vécus et absolument irréfutables.

La moralité de ces documents se dégagera du texte, et aussi des notes dont nous l'accompagnons pour l'édification des naïfs qui croient encore au dévouement des politiciens, et surtout à celui des politiciens se disant à la fois républicains et soldats du drapeau rouge.

# I

# Drapeau rouge et drapeau tricolore

---

## RAPPORT

### sur l'insurrection de 1871 dans le VIᵉ arrondissement

---

*A M. le lieutenant-colonel Demay, commandant supérieur du VIᵉ arrondissement.*

Monsieur le commandant,

Vous m'avez demandé un rapport détaillé (1) sur les événements particuliers à notre arrondissement auxquels j'ai pu prendre part pendant le cours de la révolution que nous venons de traverser ; vous le trouverez d'autre part.

Je glisserai rapidement sur beaucoup de faits qui vous sont personnels ; et je me bornerai à dire que j'ai toujours été fier d'exécuter les instructions particulières que vous m'avez confiées en maintes circonstances. A. S.

Fais ce que dois, advienne que pourra.

Au 18 mars, je faisais partie, comme simple garde, d'une des compagnies sédentaires du 20ᵉ bataillon.

Depuis longtemps déjà, je suivais d'un œil attentif

---

(1) Ce rapport était destiné à l'état-major de la garde nationale.

les prodromes de la révolution, dont je ne me suis jamais dissimulé la gravité. Aussi, je ne manquai pas au rendez-vous pour le soir à la mairie, que je n'ai quittée que fort tard dans la nuit, lorsqu'il était déjà convenu (1) que le poste ordinaire serait respecté, ainsi que la municipalité, tant que tous les deux seraient sous la garde de nos camarades, c'est-à-dire jusqu'à la relevée normale.

Le lendemain matin, 19 mars, à dix heures, j'étais sur la place St-Sulpice, près de la mairie, dans laquelle nos magistrats municipaux vaquaient tranquillement à leurs occupations en attendant les événements, lorsque j'aperçus tout à coup un certain mouvement à la porte de la maison commune.

Le maire et deux de ses adjoints, MM. Ch. Hérisson, Mossot et Delaby, venaient d'être brutalement expulsés de leur cabinet par un peloton du 193e bataillon (2) qui avait relevé le nôtre, suivant le tour de garde. Ce tour de garde était réglé par les municipalités, d'accord avec les chefs de bataillon, depuis plusieurs semaines, conformément à des ordres supérieurs.

Protestation motivée était déjà déposée par eux entre les mains du délégué du Comité central qui avait dirigé

---

(1) Dès dix heures du soir, l'état-major général de la garde nationale avait fait aviser toutes les municipalités qu'il les abandonnait aux événements et se repliait sur Versailles, où le gouvernement et toutes les administrations l'avaient déjà précédé.

A la suite de cet avis du gouvernement, le Comité central de la Fédération de la garde nationale avait voulu nous remplacer, mais nous avions fait observer que nous ne pouvions accepter sans lâcheté l'abandon irrégulier de notre poste de garde.

(2) Le 193e bataillon faisait partie du 6e arrondissement. MM. Hérisson, Mossot et Delaby, magistrats municipaux élus, personnellement sympathiques au mouvement communaliste, étaient donc chassés par leurs électeurs comme de simples domestiques dont les services avaient cessé de plaire, sur l'ordre du premier venu.

leur expulsion, le sieur Tony Moilin, chirurgien du 193ᵉ bataillon (1).

Je donnai à M. Hérisson le conseil d'en appeler immédiatement à ses électeurs, et je m'offris de faire signer une protestation dès le jour même dans tout l'arrondissement. Ce conseil et cette offre furent poliment déclinés (2).

Nous étions de ce fait abandonnés par l'autorité, et il fallait quand même réagir de suite, si on ne voulait pas arriver trop tard. Je résolus de concentrer tous mes efforts vers ce but.

Le lundi 20 mars, je me rendis dès le matin auprès de mon chef de bataillon, M. Demay, après avoir vu un grand nombre de mes camarades, et je me mis à sa disposition. Il m'engagea à continuer mes démarches en m'assurant que je le rencontrerais toujours sur le chemin que je voulais parcourir.

Dès le soir, je pris rendez-vous avec un de mes amis, M. Victor Michel (3), qui m'a toujours accompagné du 20 au 26 mars, et nous organisâmes, d'accord avec

---

(1) Ce pauvre Tony Moilin a payé cher cette usurpation fantaisiste de fonctions. Arrêté dans les derniers jours de la bagarre, il a été jugé sommairement au Luxembourg et condamné à mort, malgré l'intervention de M. Hérisson, dont la conduite en cette circonstance mérite tout éloge. Tony Moilin était plus exalté que coupable.

(2) M. Hérisson tenait essentiellement à ménager sa clientèle électorale ; aussi, deux mois après, dès sa rentrée à Paris, s'empressa-t-il de rédiger une affiche, dans laquelle il faisait appel à ses *frères égarés*, et qui naturellement n'obtint pas les compliments de l'autorité militaire et du gouvernement.

C'était maladroit, et pareille démarche pouvait amener une réaction violente qui, heureusement, ne se produisit pas.

En récompense, ses anciens électeurs ne veulent plus entendre parler de lui.

Son passage au ministère du Commerce a cependant été signalé par d'heureuses innovations.

(3) Chef d'un important établissement de galvanoplastie.

MM. Monier, secrétaire de M. Hérisson, Cavé, directeur de la maison du Grand-Condé, Hetzel fils (1), ancien secrétaire d'Etienne Arago, Auzoux, commandant par intérim du 83e bataillon, et plusieurs autres habitants de l'arrondissement, une réunion publique pour le lendemain 21, à trois heures, rue de Verneuil.

Ce fait fut immédiatement notifié à la mairie du deuxième arrondissement, siège central de la résistance des républicains modérés dans Paris (2).

La matinée du 21 se passa pour moi sans incident particulier, au milieu de toutes sortes de démarches auprès des habitants les plus honorablement connus de l'arrondissement. A midi, j'étais auprès de M. Albert Le Roy (3), notre premier adjoint, lui faisant part de notre réunion et de son but, quand j'appris par M. Georges Pouchet (4) qu'une manifestation s'était organisée dans la matinée, à l'effet de rendre *pacifiquement* la mairie à nos magistrats municipaux et d'en chasser l'usurpateur.

Tout en regrettant pareille précipitation, je crus devoir m'associer à cet essai pacifique, mais sans abandonner la réunion projetée.

La manifestation réussit d'abord parfaitement. M. Albert Le Roy fut ramené triomphalement dans la mairie ; mais, comme il ne fut pas donné de suite les ordres nécessaires, les bataillons du Comité central, prévenus

---

(1) Actuellement maire du sixième arrondissement.
(2) Cette résistance des républicains modérés avait pour chefs naturels les maires et adjoints élus, Tirard au deuxième arrondissement, Méline et Adam au premier. Plus heureux que nos administrateurs, ils avaient été soutenus par tous leurs bataillons, grâce surtout à l'influence du regretté Thorel.
(3) Professeur libre distingué, ayant avec Despois abandonné l'Université au 2 décembre pour ne pas servir l'Empire.
(4) Professeur au Muséum, dont le tempérament a toujours été très vif.

par un de ses délégués, Souplet (1), n'eurent pas de peine à l'en déloger (2).

Dans l'intervalle, j'avais averti la mairie centrale (3) de notre succès présumé, et d'autre part il avait été convenu, rue de Verneuil, que notre conférence serait transportée le lendemain soir rue Christine, 2, chez le D<sup>r</sup> Cornil (4).

L'émotion provoquée dans notre arrondissement par l'invasion des bataillons bellevillois était déjà très violente, mais elle prit un caractère énergique dans la soirée du 22, à la suite de la réception faite par les gardiens de la place Vendôme à la manifestation partie du Grand-Hôtel (5). Aussi le soir, rue Christine, il n'y eut qu'une voix pour demander l'organisation de la résistance, et, d'accord avec une réunion tenue au même moment à l'École des beaux-arts, il fut convenu que le lendemain, à dix heures, tous les officiers des bataillons de l'arrondissement s'entendraient ensemble sur l'élection d'un chef de légion. J'étais l'un des secrétaires de la réunion, à l'issue de laquelle je me rendis avec MM. Auzoux et Michel à l'état-major de l'amiral

---

(1) Musicien de l'orchestre de l'Opéra-Comique, par intérim commissaire central de police de l'arrondissement pour le compte de la Commune, celui-là même qui devait me conduire plus tard à la Conciergerie.

(2) Ces gardes nationaux appartenaient à Belleville, et étaient commandés par Lisbonne. L'arrondissement des Ecoles françaises gouverné par l'arrondissement de Belleville, voilà toute la morale de la révolution de 1871 !

(3) C'est-à-dire M. Tirard.

(4) Professeur de la faculté de Paris, sénateur de l'Allier.

(5) Nous n'avons jamais entendu dire que les coups de feu tirés sur les manifestants par le poste de la place Vendôme aient été précédés de la moindre sommation. Mais il ne faut pas en être surpris ; la loi n'est bonne pour certains que lorsqu'elle ne les gêne pas.

Saisset, où les instructions les plus précises nous furent données. Ces instructions, destinées au chef futur de la 6° légion, furent remises à M. Demay dès le soir même, à minuit.

Le lendemain 23, nous nous réunîmes donc à l'École des beaux-arts, mais, par une panique incompréhensible, une partie des assistants crut que nous étions cernés (1), et on ne prit d'autre résolution que celle de déléguer M. Demay pour le choix d'un local plus sûr.

Notre délégué, que j'accompagnai, se rendit de suite à la mairie du premier arrondissement, gardée militairement par les bataillons républicains. L'un des adjoints, M. Méline (2), nous donna immédiatement la salle de l'école communale de la rue des Prêtres-Saint-Germain-l'Auxerrois. En chemin, nous avions rencontré M. Albert Le Roy, et je lui avais renouvelé l'avis d'avoir à s'entendre avec l'assemblée générale des maires et députés de Paris (3), réunis en permanence à la mairie du deuxième arrondissement' de Paris. M. Albert Le Roy se rendit à cette invitation, et là, il fut convenu entre nous qu'il présiderait la réunion que

---

(1) Cette histoire peut faire le pendant du Prussien de la plaine de Montrouge. Une douzaine de gardes nationaux en armes, revenant de leur service, avaient pénétré par curiosité dans la cour, qu'ils s'empressèrent d'évacuer en voyant nos amis sortir de l'amphithéâtre. Or, pour qui connaît la cour de l'Ecole des beaux-arts, cette curiosité est bien excusable, même de la part de gardes nationaux pressés de rejoindre leurs pénates.

(2) Devenu plus tard ministre de l'agriculture. On lui doit la création de l'ordre du Mérite agricole.

(3) Pour tout esprit impartial cette assemblée avait, à tous les points de vue, un caractère républicain bien plus accentué que le comité central de la Fédération de la garde nationale. Il est regrettable qu'elle ne se soit pas montrée à la hauteur des événements.

nous devions avoir à deux heures à la rue des Prêtres.

Une grande partie des convocations nécessaires fut faite par mes soins, et à l'heure indiquée nous avions pu réunir plus de deux cents officiers de l'arrondissement, appartenant à tous les bataillons. J'avais poussé le désir de la concorde jusqu'à me rendre en personne chez les partisans les plus exaltés du Comité central et à les inviter à se joindre à nous.

Dans cette importante réunion, des discussions fort animées s'agitèrent. M. Albert Le Roy (1), soutenu par nous, affirma complètement son adhésion à notre campagne, à la fois énergique et conciliatrice. La candidature de M. Demay (2), que je soutenais avec nos amis communs, fut combattue par une partie de l'assemblée qui voulait un militaire pour chef sans qu'on pût, heureusement, réussir à l'écarter complètement. Le capitaine de vaisseau Trèves (3), ancien commandant du fort de Noisy, fut élu colonel, et M. Demay lui fut adjoint comme lieutenant-colonel.

En raison de l'absence du colonel élu et d'une grande partie des officiers de l'arrondissement, l'assemblée prit rendez-vous pour le lendemain 24, à huit heures du soir, à l'effet de valider l'élection et de s'entendre sur toutes les mesures d'organisation de la 6e légion.

---

(1) Communaliste convaincu Avait signé avec M. Robinet, au 31 octobre 1870, au nom de la mairie du sixième arrondissement, une affiche rédigée par M. Joseph Vinot, le directeur bien connu des cours d'astronomie populaire, dans laquelle le gouvernement de la Défense nationale était fort malmené.

(2) M. Demay, architecte, était franc-maçon et vénérable de loge.

(3) Celui-là même qui, deux mois plus tard, devait entrer le premier dans Paris. — C'était un malheureux choix s'il en fût; son caractère et ses discours nous ont laissé fâcheuse impression. Sa candidature avait été posée par M. Germer Baillière.

A la suite de la réunion, je me rendis immédiatement à la mairie, où je savais trouver les renseignements nécessaires à la convocation régulière des bataillons.

Pendant que je prenais ces renseignements au bureau de la garde nationale en compagnie de M. Victor Michel, je me vis contester mon droit par deux délégués du Comité central qui nous signifièrent notre arrestation, et nous conduisirent auprès du sieur Tony Moilin.

Je n'eus pas de peine à prouver à mes contradicteurs que je ne faisais qu'user de mon droit de garde national en prenant publiquement des renseignements de service dans un bureau ouvert au public. Tony Moilin nous répondit en nous menaçant de nous faire fusiller si nous nous présentions jamais, sous son règne, à la mairie, et si d'autre part la légion projetée se constituait.

L'argumentation était sans réponse; nous nous retirâmes en emportant nos notes, heureux d'en être quittes à si bon compte, car nous laissions en prison derrière nous le fourrier qui nous les avait fournies et qui ne fut relâché qu'après six heures de détention.

Le lendemain 24 mars, la réunion convoquée par nous ne comptait pas moins de 12 à 1.500 assistants, tant officiers que sous-officiers et gardes. Elle était présidée par M. Mossot, l'un des adjoints de notre mairie (1), le seul qui soit resté à Paris pendant toute la tourmente.

M. Demay, dans un discours très applaudi, donna le détail de toutes les mesures d'organisation qu'il jugeait utiles. Ces mesures furent discutées et approuvées article par article. Il conclut en promettant son entier concours à la défense du gouvernement régulier de la

______

(1) C'est à M. Mossot qu'on doit en grande partie l'importation en France de la méthode Frœbel.

République. La même promesse fut faite par le colonel Trèves (1).

Tout était donc prêt dans notre arrondissement pour une défense énergique appuyée sur le droit et sur l'opinion publique (2). Les adhésions succédaient aux adhésions; nous avions pour nous la majorité dans tous les bataillons, et nous étions certains de ne trouver aucune opposition sur le terrain d'action adopté par nous (3). Malheureusement les événements du lendemain, c'est-à-dire la capitulation des bataillons du premier et du deuxième arrondissements, la retraite de l'amiral Saisset et son invitation à la garde nationale d'imiter son exemple (4), la convention des maires et députés avec le Comité central vinrent tout remettre en jeu.

Il était urgent de tourner nos batteries d'un autre côté. Le même soir, nous convoquâmes d'urgence à l'École des beaux-arts les habitants les plus notables de l'arrondissement et une partie des officiers les plus influents de la garde nationale, pour aviser à la situation qui nous était faite sans nous consulter. Aucune

---

(1) Le lendemain, le colonel Trèves avait quitté Paris, sans se donner seulement la peine de nous prévenir.

Le gouvernement voulait à tout prix bombarder Paris, au lieu de le défendre à l'intérieur. C'est à lui que remonte toute la responsabilité des événements ultérieurs.

(2) Il est bon de remarquer en passant que les Parisiens n'ont jamais adhéré volontairement à la Commune. Ils l'ont subie avec résignation, vis-à-vis de la lâcheté du gouvernement régulier, comme un mal nécessaire, avec lequel on est obligé de compter, mais ils ne lui ont jamais donné leur appui moral. Cela est si vrai que, malgré la paie quotidienne, elle n'a jamais pu mettre plus de 10,000 soldats en ligne, sur 400,000 gardes nationaux.

(3) Autonomie absolue de l'arrondissement, et par suite neutralité exclusive dans tous événements politiques. C'est à propos de cette autonomie et de cette neutralité que nous étions en complet désaccord avec M. Trèves.

(4) M. Saisset venait de perdre son fils et, de son propre aveu, il avait complètement perdu le sang-froid nécessaire dans des circonstances aussi difficiles.

décision ne fut prise ce soir-là, malgré mes efforts, et nous prîmes rendez-vous pour le lendemain matin, dimanche 26 mars.

Les esprits étaient si troublés, si indécis, qu'une autre réunion, tenue le même soir chez M. Lauth, ancien adjoint de l'arrondissement (1), n'eut pas plus de résultats. Les bourgeois sont toujours les mêmes : ils ne savent jamais s'y prendre à temps pour faire de la bonne politique.

Le dimanche 26 mars, de funeste mémoire, il n'y avait déjà presque plus personne autour de nous (2) ; néanmoins, la conversation fut fort animée (3).

Fallait-il voter, fallait-il s'abstenir ?

J'ai opiné, et j'opinerais encore pour le vote, étant données les mêmes circonstances. C'est un moyen pratique de se compter. En effet, à midi, nous n'avions pas encore un seul bulletin d'imprimé, et, le soir, nous avions réussi à réunir sur la tête de nos candidats autant de voix que le Comité central sur la tête des siens, ce qui prouve évidemment que nous pouvions lui résister avec avantage, puisque notre action, comme la sienne, a porté spécialement sur les gardes nationaux.

On a parlé de la difficulté de se procurer des munitions ; nos précautions étaient bien prises à cet égard. Grâce à l'un de nos amis, M. Gosselin, fabricant de cartouches, qui est resté avec nous pendant la tourmente (4), nous pouvions avoir en quelques heures

---

(1) Directeur actuel de la manufacture nationale de Sèvres.

(2) Qu'on s'étonne donc, après cela, de la facilité avec laquelle se font les révolutions. Les révolutionnaires le savent bien, et ils jouent sur le velours, tout en paraissant des héros vis-à-vis de la masse.

(3) Grâce à M. H. de La Pommeraye, bibliothécaire du Sénat et partisan acharné de la lutte.

(4) Comme le requin suit le vaisseau, dans l'espérance de récolter bonne pâture.

cinquante mitrailleuses non montées et une quantité
considérable de cartouches (1).

Vis-à-vis de la retraite de l'amiral Saisset et de l'inertie de nos camarades, que fallait-il faire pour tenir tête
à l'insurrection triomphante ? En matière de combat
comme en matière de vote, je ne suis pas partisan de
l'abstention. Consulté à cet égard par le seul chef qui
nous restât (2), notre lieutenant-colonel, je répondis sans
hésiter qu'il fallait substituer notre action à celle du
Comité central, en l'absorbant dans notre arrondissement, et je me chargeai des démarches.

L'un des hommes les plus énergiques du Comité central, Ferrat (3), avait remplacé Tony Moilin à notre
mairie. Je me rendis auprès de lui avec un de nos camarades, M. Alphonse Séry. Après de longs pourpar-
lers, Ferrat nous dit pour conclusion qu'il était décidé
à brûler la cervelle aux chefs de bataillon qui ne vou-
draient pas obéir au Comité central. La réponse était
bonne à méditer, mais, de tous les chefs de bataillon
élus avant le 18 mars, il n'y avait plus que celui du
20e bataillon à son poste.

Pendant plus de quinze jours, tout alla bien ; les bataillons de l'arrondissement nous obéissaient sans le
savoir, mais cette situation, qui avait l'approbation for-
melle du gouvernement régulier, ne put durer bien
longtemps. Mis en demeure de faire marcher en dehors
de l'arrondissement les 18e, 19e et 20e bataillons, M. De-

---

(1) Avec cela nous avions bien de quoi défendre l'autonomie de
notre arrondissement contre toute immixtion étrangère.

(2) Tous les autres avaient filé à Versailles avec MM. Trèves et
Saisset.

(3) Nous avons dit ailleurs (*Histoire de la Commune de Paris en
1871*) le rôle considérable joué par Ferrat le 18 mars à Mont-
martre.

may s y refusa énergiquement, et la lutte recommença de plus belle.

Tous les moyens étaient bons pour nos nouveaux yrans ; dès ce jour, on commença la bataille hors Paris.

Nous avions organisé, sur l'initiative de M. Barré (1), un comité de conciliation destiné à servir d'intermédiaire aux belligérants. Notre programme, très peu favorable ux membres de la Commune qui n'avaient pas donné eur démission (2), fut dénoncé à leur colère, et nous fûmes traités par eux de mouchards, de chouans, etc. ; de sorte que, devant leurs menaces, notre comité dut se dissoudre. Au même moment, ils faisaient créer par leurs amis toutes sortes de comités favorables à leur cause et dont l'argumentation se terminait toujours par un appel aux armes contre le gouvernement.

Après bien des péripéties, nos trois meilleurs bataillons furent dissous par voie d'affiche. Dans l'intervalle, de nouvelles élections avaient eu lieu, autant pour gagner du temps que pour obéir aux ordres de nos tyrans. Au 20ᵉ bataillon, je soutins trois jours de suite la candidature de M. Demay, qui faillit être réélu malgré l'absence d'un grand nombre de nos amis, et qui ne pouvait se présenter lui-même sous peine de paraître accepter l'autorité de la Commune. Des menaces vio-

---

(1) Professeur de mathématiques.

(2) Notre ami Albert Le Roy avait donné sa démission en même temps que MM. Méline, Adam, Ranc, U. Parent et autres. Cette démission collective avait été causée par l'attitude du Comité central et son refus de s'effacer devant le Gouvernement dont il avait imposé l'élection. EN FAIT, le gouvernement légal de la Commune, issu des élections du 26 mars 1870, N'A JAMAIS PU FONCTIONNER. Cette situation, seulement soupçonnée des Parisiens, était parfaitement connue du gouvernement régulier de la France, qui est d'autant plus coupable non seulement de ne pas l'avoir prévue, mais encore de l'avoir laissée se prolonger pendant deux mois.

lentes me furent encore faites à ce moment (1); la terreur était le grand moyen d'action de nos adversaires.

Le 25 avril, malgré la dissolution prononcée, notre bataillon prit part à une revue passée au Luxembourg par le chef de légion Combatz (2); nous étions munis à tout hasard de cartouches et disposés à nous en servir, si l'on faisait mine de vouloir nous désarmer. Cette revue nous donna l'occasion d'affirmer énergiquement la République par nos acclamations (3). Aussi la dissolution, un moment suspendue, fut-elle maintenue, mais on n'osa nous désarmer de force, même individuellement (4). Tout se borna à l'envoi de lettres non affranchies, dont beaucoup ne furent même pas acceptées des mains du facteur, et la plus grande partie de nos camarades resta armée.

Du 5 avril au 10 mai, je suis resté tranquille, refusant naturellement de me mêler aux négociations qui avaient pour but la réorganisation de notre bataillon, et pour base l'adhésion à la Commune. Pendant ce temps, M. Demay organisait avec les commandants supérieurs des *neuvième* (5), *septième* (6) et *deuxième* (7) arrondis-

---

(1) L'auteur de ce rapport avait déjà été mis en prison deux fois pendant quelques heures, depuis le 18 mars.

(2) Tué plus tard dans le mouvement communaliste de Carthagène. C'était un garçon de relations très agréables, très dévoué aux idées communalistes, mais auquel les siens ne pouvaient pardonner les rapports publics qu'il entretenait avec certains de nos amis notoirement connus comme hostiles à la Commune.

(3) Sous la Commune, le cri de: Vive la République ! était considéré comme séditieux, et on ne pouvait se permettre de le pousser isolément sans risquer une arrestation immédiate.

(4) L'auteur de ce rapport n'a rendu son fusil que le 10 juin, à l'autorité militaire régulière.

(5) Charpentier.

(6) Durouchoux.

(7) Thorel.

sements, un service de solde pour les gardes nationaux restés fidèles à la cause de la République. Ce service donna lieu à des poursuites, à des dénonciations et à des essais d'arrestation, qui l'entravèrent sans l'arrêter.

Le 10 mai, j'appris tout à toup par un ami qu'une résistance énergique s'organisait, au sein des 19° et 20° bataillons, en dehors de notre chef, nommé par le gouvernement. Cette communication m'étonna, mais, voulant mettre toutes les chances d'action de mon côté, je m'empressai de me mettre en rapport avec les auteurs du mouvement qui m'était signalé. Deux heures après, j'avais tous mes renseignements, et je venais amicalement sommer M. Demay de me déclarer s'il avait connaissance d'un changement dans les instructions du gouvernement, dans l'état-major général, ou dans celui de notre arrondissement.

Sur la déclaration contraire, qui infirmait complètement les avis qui venaient de m'être transmis, je signifiai à nos camarades dissidents le maintien de l'état de choses et l'invitation de cesser leurs menées séparatistes, qui ne pouvaient que nuire à l'action commune et régulière (1). Ils ne voulurent pas reconnaître immédiatement les droits de M. Demay sans une nouvelle confirmation de pouvoirs, malgré les renseignements précis que je fus chargé de leur communiquer par le conseil de guerre des commandants supérieurs d'arrondissement (2). Deux jours après, l'état-major général

---

(1) Ce passage du rapport est très instructif et doit être lu très attentivement. Il est évident que l'auteur en sait bien plus long qu'il n'en veut dire dans un document écrit pour l'état-major général de la garde nationale, c'est-à-dire pour le ministère de l'Intérieur, mieux au courant que lui de l'intrigue signalée.

(2) Ce conseil, en communication régulière et quotidienne avec

avait envoyé à notre commandant Demay de nouveaux pouvoirs plus étendus que les premiers. Cela ne les satisfit pas encore, et pour cause.

Cette compétition, qui s'appuyait du nom de M. Gaston de Beaufond, ancien chef d'état-major de l'amiral Saisset, me donna en trois jours plus d'ennuis que les actes de la Commune en deux mois.

Les dissidents, dont la marche nous avait été cachée pendant quinze jours, avaient trouvé moyen de préparer un coup de main contre le séminaire de Saint-Sulpice et la mairie et, comme ils avaient marché sans précautions suffisantes, ils avaient éveillé l'attention de la Commune ; des agents spéciaux de police furent envoyés dans notre arrondissement, leurs domiciles furent surveillés sans que nous fussions avertis, si bien qu'un beau jour, je fus arrêté à la porte de l'un d'eux, que je croyais rallié et qui avait filé à Versailles, par un commissaire de police qui ne me cherchait pas, et qui trouva bon de me conduire à la mairie.

J'avais sur moi toutes les instructions données par notre chef de légion, en cas d'une intervention des amis du gouvernement lors de l'entrée des troupes dans Paris.

Il fallait à tout prix, tant pour les nôtres que pour moi, que ce document, qui venait de m'être dicté, ne tombât pas entre les mains de la Commune ; aussi, pour ne rien laisser à l'aventure, je fus obligé de ne faire aucune résistance et de me montrer très inoffensif. Cette façon d'agir me permit de prendre mes aises, et, à la suite, de confectionner et d'allumer des cigarettes

---

le gouvernement régulier, se réunissait tous les jours, et chaque fois dans un quartier différent.

dans le bureau de la sûreté (1) avec la feuille qui contenait ces instructions.

Je n'ai jamais fumé avec plus de plaisir. Il y avait bien de quoi (2).

Le soir je rencontrai dans la prison (3) un de nos amis arrêté avant moi, M. Alphonse Séry (4) et trois employés de la maison Bréguet, dont l'adresse avait été trouvée dans mes papiers. C'était la seule qui y fût, et pour cause, car je devais y aller le soir même.

On me garda à la mairie jusqu'au lendemain soir; les trois employés Bréguet avaient été relâchés. Nous dînâmes, Séry et moi, dans le bureau du commissaire, et nous devions être renvoyés des fins de la plainte quand il prit fantaisie à la commission communale, c'est-à-dire aux sieurs Varlin, Lalleman et autres, de nous maintenir en état d'arrestation et de nous envoyer à la Conciergerie comme ôtages.

Là, nous fûmes mis au secret le plus absolu. Il était interdit de nous voir, et nos lettres, sauf celles adressées à nos femmes, ne furent pas expédiées.

Trois jours après j'avais trouvé le moyen de ne plus être au secret, lors de la promenade, et de communiquer avec nos co-détenus politiques, grâce à la connivence des gardiens (5).

---

(1) Tel était le qualificatif adopté par la Commune pour sa police.

(2) On a vu plus haut que le commissaire de police de l'arrondissement était, avec son père, musicien attaché à l'orchestre de l'Opéra-Comique. Comme on le voit, la musique ne prédispose pas à la perspicacité politique.

(3) Violon serait mieux dit, dans l'espèce.

(4) Gendre du Dr Voillez, médecin de l'hôpital La Riboisière.

(5) Ces gardiens appartenaient en grande partie à l'Administration des prisons. Ils avaient été abandonnés à leur poste par leurs supérieurs. Plus tard on leur reprocha d'avoir servi la Commune, sans doute pour les remercier des services rendus par eux aux amis du gouvernement régulier.

Le dimanche 21 mai, jour de l'entrée des troupes (1) j'avais déjà réclamé trois fois ma mise en liberté, mais cette insistance ne servit qu'à me faire signaler aux gardiens, d'après ce qui me fut rapporté. Aussi, n'ayant plus rien à ménager, j'ai tenté d'organiser une action pour nous mettre en possession de la Préfecture de police sans coup férir. La chose eut été possible le lundi, à cause du désarroi général; le mardi, elle devint impossible, d'autant plus que je ne trouvai pas autour de moi les hommes nécessaires pour une démarche collective près le directeur de la prison. Vis-à-vis des intentions des chefs de l'insurrection, il vaut mieux pour moi que cette démarche n'ait pas été faite; j'aurais été fusillé immédiatement.

Le mercredi 24, nous venions d'arriver à ‎la promenade, lorsque commença l'incendie de la Préfecture de police; les gardes nationaux du poste de l'entrée paraissaient l'avoir abandonné; nous restions seuls avec nos gardiens, aussi embarrassés que nous, attendant les événements et bien décidés à nous défendre s'il fallait en arriver là (2).

J'avais, depuis le lundi, recommandé à une vingtaine de co-détenus de se réunir à moi, lors de la sortie, pour gagner le 6ᵉ arrondissement, séparé de nous seulement par la Seine. A onze heures, les portes

---

(1) Légère erreur de date. Le capitaine Trèves était entré à Paris dans la nuit du samedi au dimanche, par hasard, à la prière de M. Ducatel, qui lui livra la porte de Versailles, à Issy.

(2) Pareil abandon des prisonniers a eu lieu à l'Hôtel de Ville, auquel on a mis le feu sans s'inquiéter des gardes nationaux réfractaires entassés dans les sous-sols.

Au dépôt de la Préfecture de police, plus de 1,800 individus grouillaient ainsi entassés dans la salle commune au moment de l'incendie. On avait donné à l'auteur du rapport la cellule n° 40, au premier étage.

furent ouvertes précipitamment, et chacun pensa d'abord à sa sûreté ; en quelques minutes, je me trouvai seul avec deux prisonniers de ce groupe, au milieu d'une foule affolée de détenus qui nous étaient inconnus. Déjà beaucoup de fuyards revenaient en disant qu'on avait voulu les mener de force aux barricades.

J'aimais mieux courir tous les risques, quels qu'ils fussent, hors une prison incendiée qu'au dedans, et j'engageai mes deux compagnons à m'imiter.

Nous sortîmes donc à travers bien des détours, par la grille du Palais-de-Justice, au milieu de la foule, et nous cherchâmes à gagner les quais de la rive gauche. Nous fûmes bientôt ramenés à la caserne des gardes de Paris, en face de Notre-Dame, par un peloton de cavaliers, mousqueton au poing.

Là M. Schmidt (1), commandant du 57ᵉ bataillon (11ᵉ arrondissement), mon compagnon et moi, nous traînâmes pendant une heure, pour gagner du temps, à chercher de bonnes armes dans le magasin qui nous avait été gracieusement ouvert à cet effet par nos cornacs. Voyant enfin qu'il valait mieux sortir, nous réunîmes autour de nous un petit peloton de co-détenus et nous gagnâmes le Petit-Pont, auprès duquel se trouvaient deux barricades, l'une au bout du quai Saint-Michel, l'autre au bout de la rue de la Huchette.

Nous n'y étions pas depuis un quart-d'heure, examinant tous les alentours avec soin, qu'un membre de la

---

(1) Chimiste distingué, ami personnel d'Avrial, dont la protection ne l'avait pas empêché d'être arrêté par ordre de la Commune au fort d'Ivry, qu'il commandait, et où il n'était plus possible de tenir sous le feu de Versailles. La prison du Dépôt renfermait, du reste, deux ou trois membres de la Commune ayant eu le malheur de déplaire au Comité de salut public, devenu la seule autorité reconnue. Deux millions d'hommes soumis sans contrôle à cinq hystériques, tel était l'état de Paris au 24 mai 1871.

Commune (1) vint à passer. J'avais déjà gagné la confiance d'une marchande de vins tenant hôtel meublé, dont la maison faisait angle sur la place et sur la rue de la Huchette. M. Schmidt se fit donner l'ordre par le citoyen membre d'occuper militairement cette maison, et nous y introduisîmes notre peloton composé de dix-neuf gaillards de tout poil, armés de bons fusils et la cartouchière bien garnie. C'était, du reste, la seule maison qui fut ainsi occupée sur la place.

Les insurgés devinèrent notre intention, et les artilleurs de la barricade du quai, gardée par un canon de campagne, voulurent faire sortir les femmes, la mère et la fille, pour mettre dans la cave un baril de poudre, pendant que d'autres voulaient monter avec nous dans la maison.

Je réussis à faire entendre raison aux uns et aux autres. Les femmes (2) me restèrent, je les envoyai à la cave et je m'installai marchand de vins à leur place.

---

(1) Reconnaissable à son écharpe rouge. Il était en vêtements civils, comme deux ou trois de ses collègues que nous avons eu l'occasion de voir passer dans la journée. Cette tenue était très pratique et devait leur permettre, à un moment donné, de disparaître facilement.

(2) Ces femmes n'ont guère été récompensées de leur obligeance. — Le soir, à la nuit, leur père et grand-père, vieux soldat du premier Empire accouru de l'Hôtel des Invalides pour les voir, était tué par les soldats de l'armée régulière, faute d'avoir pu, à cause de sa surdité, répondre à leur qui-vive. Le lendemain, elles étaient dénoncées aux officiers versaillais comme ayant abrité un peloton de fédérés, et elles ne devaient qu'à l'attestation dûment signée et contresignée de l'auteur de ce rapport de ne pas être arrêtées.

Du reste, huit jours après, le *Figaro*, toujours bien informé, faisait casser la tête du signataire à coups de pistolet par un officier de l'armée versaillaise, à propos d'un incident bizarre non relaté dans ce rapport, lequel causa en effet mort d'homme et rendit en moins d'une minute quatre enfants orphelins.

L'auteur, évidemment, ne voulait pas que son rapport sentît le sang, alors qu'il avait la chance heureuse d'en avoir les mains nettes.

Cinq heures durant, j'ai fait ce métier-là à travers la grille de la porte d'entrée de l'hôtel, pendant que nos hommes étaient couchés à l'étage supérieur, la main sur leur fusil, et que M. Schmidt surveillait derrière moi l'escalier. J'ai été reconnu plusieurs fois par des insurgés mâles ou femelles de mon quartier qui se repliaient vers la place Maubert. J'en ai toujours imposé soit aux chefs, soit aux soldats, qui se sont renouvelés plusieurs fois. Un moment nous avons été entourés de 2,000 fédérés et de tout un état-major d'officiers, tous plus insensés ou plus ivres les uns que les autres.

La position était d'autant plus critique que, dès notre arrivée, on avait installé, dans la rue qui longe l'annexe de l'Hôtel-Dieu, un poste composé d'un capitaine et de plusieurs gardes chargés de surveiller spécialement notre caserne provisoire. Ces surveillants ont quitté la place les derniers.

Nous avons assisté à toutes les phases de la retraite des fédérés de la rive gauche vers la place Maubert. Ils ont fusillé jusque sous nos fenêtres deux des prisonniers échappés avec nous de la Préfecture, qui ne voulaient pas les suivre ; mais, soit oubli, soit prudence, ils n'ont pas cherché à nous entraîner avec eux.

Quelques minutes après, les fantassins du 70e de ligne avaient pris leur place ; nous les laissâmes poursuivre les fuyards et, quand ils furent revenus se reposer derrière les deux barricades, je me montrai seul, et, après m'être fait reconnaître par les officiers qui, après reconnaissance, m'ont reçu cordialement, je mis notre peloton à leur disposition, tout en manifestant le vif désir de regagner mes pénates au plus vite.

Ils acquiescèrent bien volontiers. Nos armes et nos équipements furent descendus et rendus, chacun de nous avait bien 50 cartouches ; un drapeau tricolore que nous avions par hasard trouvé dans la maison fut descendu en même temps et, sous son égide, nous fûmes gracieusement reconduits jusqu'à notre mairie, après avoir causé quelques instants avec le général qui commandait l'attaque (1), et passé sous le feu d'une barricade encore défendue par les insurgés dans la rue Saint-Séverin.

Pendant trois jours, notre détachement, dont les membres ne pouvaient rejoindre leurs quartiers respectifs, encore occupés par les belligérants, soldats ou fédérés, est resté en subsistance chez M. Demay.

Ma première visite a été pour l'état-major de notre légion (2), qui me reçut à bras ouverts. Malheureusement il ne restait plus rien à faire que d'aider notre commandant dans l'organisation du service d'ordre de l'arrondissement, surtout dans les parties incendiées (3), la recherche des incendiaires, la liquidation de la solde, le désarmement, les secours aux gardes nationaux nécessiteux, etc., etc.

Fidèle à ma ligne de conduite, j'ai mis depuis quinze jours tous mes soins à l'aider dans cette tâche, heureux si, personnellement, j'ai pu rendre quelques services,

---

(1) M. de Cissey.

(2) Cet état-major n'avait pas diminué à Versailles. Ses membres étaient tous frais et roses et il s'était accru par l'adjonction de M. Camille Buloz, nommé récemment « officier d'ordonnance aide de camp du commandant supérieur. du 6e arrondissement de Paris », lequel, tout jeune encore et déjà très autoritaire, portait un charmant costume d'état-major que Grévin n'aurait pas désavoué. — Les tailleurs militaires, en 1871, ont tous dû faire d'excellentes affaires.

(3) Rue Vavin, carrefour de la Croix-Rouge, etc.

et disposé à rester sur la brèche jusqu'au jour où personne (1) n'aura plus besoin de moi, ce qui ne peut beaucoup tarder, maintenant que le danger est passé.

Paris, le 8 juin 1871.

André SAGNIER,
*adjudant major de la VI<sup>e</sup> legion.*

(1) Y compris les fédérés, heureux de trouver à notre maison commune un défenseur impartial contre des dénonciations soùvent injustes, toujours passionnées,

# II

# La commune sous la Commune

**MINISTÈRE**

DE LA GUERRE

—

**CABINET**

DU MINISTRE

**ORDRE 283**

Ordre formel à la Mairie du VI^e arrondissement de faire délivrer immédiatement toutes les armes qu'elle possède au dépôt central de Saint-Thomas-d'Aquin.

Paris, 8 mai 1871.

*Le membre de la Commune,*
*Directeur du matériel de l'artillerie,*

**A. AVRIAL.**

Nous avons choisi cette pièce parmi beaucoup d'autres, parce qu'elle prouve bien la centralisation administrative qui a régné sous la Commune. Cet ordre « formel » a été envoyé directement par Avrial à ses collègues du sixième arrondissement à la suite d'une revue des bataillons de l'arrondissement par les citoyens Combatz et Longuet. La plupart des gardes nationaux ayant refusé de marcher contre Versailles, le désarmement de trois bataillons avait eu lieu et les armes ainsi récoltées étaient à peine rentrées à la mairie du 6e arrondissement.

Le lendemain, la même mairie recevait l'ordre d'envoyer à l'Hôtel de Ville, dans les vingt-quatre heures, la liste de tous les logements vacants dans l'arrondissement. Pareil ordre était envoyé à toutes les mairies.

C'était, comme on le voit, un régime de gouvernement dans lequel l'autonomie communale était fort peu respectée.

On a vu, du reste, plus haut que la Commune n'a jamais possédé sa propre autonomie, grâce au Comité central, son geôlier.

Tous ses agissements ont tout juste la valeur des actes d'un aliéné dans son cabanon, et il fallait être Parisien né badaud, comme M. Francisque Sarcey (de Dourdan), ou Marseillais né hâbleur, comme M. Thiers (d'Aix), pour y attacher la moindre valeur.

## III

# Sentinelles, prenez garde à vous !

Toutes les nuits, du 19 septembre 1870 au 15 février 1871, tous les quarts d'heure, du Point-du-Jour à Bercy et de Bercy à Auteuil, sur quarante kilomètres de ceinture et sous la troisième République française, deux mille gardes nationaux, échelonnés d'hectomètre en hectomètre, ont combattu leur sommeil et celui de leurs camarades par ce réjouissant cri de quart, modulé sur tous les tons de la gamme. Si la population parisienne de la périphérie n'a pas augmenté pendant cette période, en raison directe de l'insomnie qui en était la conséquence immédiate pour les ménages du nouveau Paris, ce n'est pas la faute à nos vaillants gardes nationaux, qui criaient plutôt deux fois qu'une, et avec la plus parfaite conviction.

Jamais précaution guerrière ne fut plus inutile, alors que les Allemands étaient à plusieurs kilomètres et qu'entre eux et les remparts il y avait toute l'armée et les forts. Mais cela faisait partie du plan Trochu et il n'en fallait pas davantage aux Parisiens pour être convaincus de leur invincibilité, à une condition pourtant, c'est que M. Henri Rochefort fût nommé généralissime des barricades destinées à couvrir leurs derrières en cas de retraite.

Pendant [que les néophytes guerriers de Paris s'égo-
sillaient ainsi, croyant renouveler les hauts faits des
oies du Capitole, leurs frères d'armes de la veille ou du
lendemain s'apprêtaient, à la Marmite (1), à la rue de la
Corderie (2) et ailleurs, à leur démontrer que le fusil
français était plus à craindre que l'obus allemand.

Sans parler du 31 octobre 1870, qui avait autant sa
raison d'être que le 4 septembre à un certain point de
vue, est-ce que le 22 janvier 1871, les mêmes conseillers
municipaux qui veulent nous faire accepter le drapeau
rouge comme drapeau national ne partaient pas en
guerre, fusil chargé, contre l'Hôtel de Ville en attendant
mieux, c'est-à-dire de pouvoir faire fusiller son défenseur Chaudey, le républicain de la veille, estimé de
tous ?

Autre temps, autre langage. Quelques années plus
tard, le cri de quart des républicains à Paris était devenu plus agressif, mais non moins déplacé.

*Le cléricalisme, voilà l'ennemi !* Telle a été sa formule malheureuse, inventée à Romans par celui qui,
pour l'avoir trouvée et avoir tiraillé à poudre perdue
contre cet ennemi aussi insaisissable que le Prussien de
la plaine de Montrouge (3), s'est vu renverser sans motif
du pouvoir par ses propres amis, comme en 1885 devait

---

(1) Berceau de la Commune.

(2) Siège du comité central de la Fédération de la garde nationale, dont l'influence sur la Commune a été si funeste au parti auto-
nomiste.

(3) Pendant trois nuits, au mois d'octobre 1870, de la batterie de
l'École polytechnique (porte d'Italie) à l'état-major du cinquième
secteur (porte d'Orléans), les factionnaires de garde sur les remparts
n'ont cessé de tirer à tour de rôle sur un Prussien, qu'à la quatrième
aube on découvrit avec une lorgnette de marine n'être qu'un alerte
baudet en rupture d'écurie.

l'être son émule et successeur Jules Ferry, pour avoir naguère défendu l'article 7 (1).

Aujourd'hui, la formule est considérablement modifiée, mais la pensée est restée la même.

Cléricalisme et monarchie ayant même signification aux yeux des républicains de sentiment, j'allais dire des gardes nationaux, c'est : *Sus aux princes!* qui est devenu le cri de quart.

Et, pendant qu'on pourchasse ainsi la liberté de conscience et la liberté individuelle sans perdre une minute, les billets de banque s'ajoutent aux gros sous dans la caisse de l'*Intransigeant* pour des grévistes par persuasion (2) ; ses rédacteurs proclament le drapeau rouge comme le drapeau de la République française, et les aboyeurs du *Cri du Peuple* font, en réunion publique, appel au « fusil libérateur » contre la bourgeoisie, ce bouc émissaire chargé de tous les péchés d'Israël par les Drumont comme par les Guesde.

Or, depuis 1789, en France, la bourgeoisie, c'est le tiers-état, c'est le peuple, qui ne veut pas et ne peut pas renier son agrégation absolue.

Qui veut toucher à la bourgeoisie veut écraser une mouche sur le nez du peuple, au risque de le tuer. La tyrannie despotique du patronat à l'égard des salariés n'est qu'un mirage trompeur. Entre employeurs et employés, la tyrannie est à dose égale le plus souvent,

---

(1) Les opinions changent vite avec les événements. Hier encore, dans le *Matin*, l'adversaire de l'art. 7 au Sénat, M. Jules Simon, déclarait, dans une épître à M. de Freycinet, que deux ministères seuls étaient actuellement possibles : ministère Freycinet et ministère Ferry. Lequel a aujourd'hui ses préférences?

(2) Nous ne disons pas cela pour M. Laur, qui vise évidemment au rôle joué par M. Dorian en 1870. Mais n'est pas Dorian qui veut le devenir, n'en déplaise à M. Laur.

quand elle n'est pas plus forte de la part des salariés que des patrons.

Il faut le dire bien haut ; si depuis 1879 nous avons fait tant de chemin en arrière que nous en soyions revenus aux imprécations sanguinaires de 1871, la faute en est, comme alors, tout entière imputable au chef du pouvoir exécutif ou, pour mieux dire, à ceux qui inspirent ses décisions personnelles.

Diviser pour régner sera toujours de bonne tactique gouvernementale, mais à la condition de ne pas tellement diviser que le royaume devienne une pétaudière.

Pour faire pièce à Gambetta et à Ferry, l'Élysée a fait risette à droite et à gauche, à Mgr Freppel et à M. Clémenceau. Le jeu a longtemps réussi, mais il n'a plus sa raison d'être. Où sont aujourd'hui les disciples de Freppel et de Clémenceau ? A Eu et à Decazeville. C'était indiqué d'avance.

Il est grand temps de changer de système, aussi bien pour l'Élysée que pour les républicains de raison.

A lutter contre la philosophie religieuse comme à enrayer le progrès économique, on ne peut gagner qu'une augmentation d'ignorance révolutionnaire. De l'ignorance au « fusil libérateur », la distance est vite franchie, il ne faut pas l'oublier.

La « liberté pour tous » (1), ou « travail et liberté », telle doit être la devise de notre parti.

Sinon, pendant que nous crierons : *Sus aux princes !* en les reconnaissant ainsi comme tels, ce qui est une grande faute, ou : *Le cléricalisme, voilà l'ennemi !* alors que notre Université est et ne peut être que cléri-

---

(1) Partisan de la liberté absolue de la presse, nous n'admettons pas que cette liberté vienne gêner celle des autres industries, soit par souscription publique, soit par télégrammes mensongers, etc., etc.

cale par son origine et par ses traditions, on criera à côté de nous, et contre nous : *Vive la Commune!* alors que le régime républicain est le régime communaliste par excellence.

Quand un Parisien a passé à travers la prison, le feu et la barricade en ne perdant qu'un mouchoir de poche et une couverture de campement, il peut bien se moquer d'une révolution, durât-elle deux mois comme celle de 1871; mais, pour un de sauvé, combien de perdus ?

D'après les calculs les plus modérés, d'avril à juin 1871, 5,000 individus ont disparu sans laisser la moindre trace, 40,000 Français, tant soldats de Versailles que Parisiens, ont payé de leur vie, de leur liberté ou de leur fortune le triste honneur d'avoir foulé le sol de la capitale française pendant cette néfaste période.

Avec les femmes et les enfants, les parents et tous les intéressés, c'est bien, au bas mot, 200,000 individus directement frappés dans leur existence sans la moindre compensation.

Encore ne parlons-nous pas des deux millions de Parisiens privés pendant deux mois de toute liberté, de celle de parler comme de celle d'écrire, de celle de rester à leur foyer comme de celle de voyager.

Le drapeau rouge méritât-il cent fois d'être considéré comme drapeau populaire, comme drapeau républicain, ne vaut pas un tel sacrifice, n'en déplaise à l'ancien directeur du *Journal officiel de la République française* (édition de la Commune de Paris), comme à l'ancien rédacteur du *Père Duchêne*, et la libre circulation du fanion rouge des fédérés de 1871 n'a rien à voir avec l'autonomie communale. Tant s'en faut !

La séparation des Églises et de l'État, la suppression des octrois et l'impòt progressif sur le revenu réel feraient bien mieux l'affaire de Paris et des Parisiens.

Mais comme, si nous ne faisons bonne garde, nous sommes exposés à subir plutòt ce que nous ne voudrons pas que ce que nous désirons, le moment est venu pour les Parisiens de répéter cette fois avec raison le cri d'alarme des remparts en 1870 : SENTINELLES, PRENEZ GARDE A VOUS !

Paris. — Imp. Wattier et Cᵉ, 4, rue des Déchargeurs, 4.

# DU MÊME AUTEUR

**Le Contrat social de l'avenir.** Broch. in-8°. Paris, 1871.
> En collaboration avec P.-Ch. Joubert.

**Histoire de la Commune de Paris,** *par un bourgeois républicain.* 1 vol. in-12. Bruxelles, 1871.
> Ouvrage interdit en France par le gouvernement de M. Thiers.

**Biographie de M. Ad. Thiers,** premier président de la troisième République française. Broch. in-4°. Paris, 1877.

**Un libraire de Paris sous la République.** Broch. in 12. Paris, 1878.

**La justice à Paris sous la République.** Broch. in-12. Paris, 1879.